Masukka

En bog med Haikudigte

Kolofon:

August 2022

Forfatter: Jopie Leopoldsdotter von Horn

Redaktion: Bogforlaget Sandvig

© 2022, Jopie, Leopoldsdotter von Horn

Forlag: BoD – Books on Demand, Hellerup, Danmark

Tryk: BoD – Books on Demand, Norderstedt, Tyskland

ISBN: 9788743047629

Indhold

FULDENDT GIRAFSPROG

triste giraffer
står alene og græder -
de står kind mod kind

to ensomme dyr
der har mistet deres barn
kørt bort af men'sker

han lever - men hvor?
og hvad bru'r de ham mon til?
står sikkert i bur!

livet fortsætter -
går ikke sådan i stå -
på jagt efter mad

der er gå't lang tid
og en dag er de pluds'lig
ude af skoven

står på savannen
men hvem møder de så der?
en flot halvstor fyr!

er noget ved ham
der virker yderst bekendt -
det et deres søn!

de kalder på ham
og nu ser han dem også -
råber: "FAR OG MOR!"

stor gensynsglæde
"du er ble't næsten voksen!
men hvad er der sket?"

han fortalte at
de havde sat ham i bur -
gav ham mad og vand!

men forfærdeligt
ikke at ku' komme ud -
hvad sku' han gøre?

der kom masser folk
og beundrede dyret -
"LUK MIG UD!" bad han

men ingen forstod
hvad han prøvede at si'!
det gik lang lang tid!

men pluds'lig en dag
var der en mand der talte
girafsprog - ÅBNER!

"Kom afsted med dig!"
og det lod han sig ikke
sige to gange!

"og nu er jeg fri!"
sagde den lyk'lige søn på
fuldendt girafsprog!

SIAMESISK KÆRLIGHED

en morgen i maj
blev der født et par piger -
tvillinger - var det!

der var to ho'der
men til gengæld kun to ben -
også to arme!

så det var ikke
almind'lige tvillinger -
SIAMESISKE!

de fik navnene
MIA og MY - så
lidt forskel var der

da de blev voksne
blev de meget smukke - og
beundret af mænd

men alle vidste
at én alene var helt
umuligt at få

de studerede
på universitetet -
endda samme fag

de ville være
læger begge to - helt klart -
for de tænkte ens

der var eksamen
på allerførste årgang
i grupper på tre

en fyr der hed MAX
ville være med hos dem!
var helt i orden!

de var dygtige -
klarede opgaven flot -
fik god karakter

efter ferien
var det godt at ses igen -
"jeg har savnet jer!"

"i lige måde!
vi har også savnet dig!
udbrød pigerne

de læste fortsat
en lang årrække endnu -
og endelig slut!

mødtes ikke mer -
en dag blev det for meget
erkendte de tre

en aften blev MAX
inviteret til middag
hos MIA og MY

spiste lækker mad
og drak rigeligt af vin!
MY gav ham et kys

men MIA sad på
den anden side - gav kys
på den anden kind

de var alle tre
forelsket i hinanden!
hvad kan de gøre?

er det mon lovligt
i dag at ha' to koner?
NEJ! bestemt ikke!

"så bli'r vi nødt til
at bo alle tre sammen
som et ægtepar!"

og det gjord' de så!
fik børn med begge piger!
lyk'lig familie!

LIV I SVAMPESKOVEN

LEONARD gik tur
i den store svampeskov
med høje svampe

så det sådan ud
fordi han var så lille -
de så ud som træ'r?

for så var det lidt
uhyggeligt at gå her
syntes LEONARD

men han vidste godt
at mennesker var større
og spiste svampe

de fleste af dem
havde forstand på hvilke
der var giftige

men LEONARD ku'
kun prøve på må og få
og det var farligt

man fandt tit døde
HUMASAKKER som ham selv
der gjord' det forsøg

blandt dem hans kone
som hans ven fandt på jorden!
sørgeligt budskab!

var helt alene
i sit selvbyggede hus -
mindedes hende!

en dag hvor han sad
støttende sig til en svamp -
kom en lille fyr

dem så han ikke
ret tit på disse kanter
i svampeskoven

men vidste det var
en MANILLOSAK som det
lille folk blev kaldt

han sad på svampen
og tog sig en saftig bid -
men så LEONARD

ville stikke af
men LEONARD stopped' ham:
"jeg rør dig ikke!"

så satte han sig
på svampen igen for at
høre hvad han sa'

"jeg bor i skoven
i mit eget lille hus -
min kone er død!

men hvad hedder du
og hvor bor du så henne?
har du nogen børn?"

"jeg hedder PETRUS -
men jeg bor ingen steder!
en fyr stjal mit hus!

jeg har to små børn -
som badede i floden
sammen med moren!

der kom en bølge
og skyllede alle væk -
så hun druknede!

men helt utroligt
smed bølgen børnene helt
op på landjorden

jeg fandt dem ligge -
græde højtlydt over MOR
som de så drukne!

så to ulykker
oven i hinanden var
alt alt for meget!"

"men hvor er de nu?"
"de samler planter til mad -
og vi mødes her!"

"hvorfor lige her?"
"jo - de svampe der står her
er vor's mødested!

så jeg er kommet
for at møde mine børn
og så spiser vi!"

pluds'lig kom de små
og så forskrækkede ud
over LEONARD

"kom og hils på ham -
han hedder LEONARD og
sig, hvad I hedder!"

"vi hedder NIKKI
og NAKKO og vi kommer
for at hente FAR!"

nu sa' LEONARD
at hans hus lå lige her!
"lad os gå derhen!

så får i noget
at drikke og spise samt
tre senge måske!

det kræver at I
bygger dem selv - og så
kan I nå hos mig!"

der blev stor glæde
hos de små bitte folk -
MANILLOSAKKER!

de tog alle hjem
og begejstringen var stor!
der var masser plads

inden en uge
stod der tre senge færdig'
LEONARD var stolt

de levet længe -
hvor længe ved jeg ikke -
på denne måde!

men nu var ingen
overho'det ensom mer'
LYKKEN VAR I HUS!

MASUKKA

MASUKKA var en
meget dygtig musiker
som folk lytter til

på slottet hørte
den store sultan ALI
om hendes talent

så sendte han bud
efter smukke MASUKKA
sku' spille for ham

det var en ære
sa' alle hendes venner -
var selv lidt nervøs

da hun kom derop
og bankede på porten
kom en tjener ud

"JA! sultan ALI -
jeg skal vise dig derhen!
et privat gemak"

så ret privat ud -
det måtte hun erkende -
men utrolig flot!

var fyldt med blomster -
med statuer overalt
og høje palmer

men mest int'ressant
var en cirkelrund sofa
hvor sultanen sad

han rejste sig op
da MASUKKA trådte ind
og tog hendes hånd

"tag skoene af
og find en plads i min seng!
der sidder jeg selv!"

MASUKKA steg op
og sad i et pude orgie!
ALI sad overfor

"om lidt står alle
stu'piger og tjenere
og lytter herind!

i stedet ta'r vi
elevator ned under
til mit "STILLERUM""

trykked' på en knap
og MASUKKA så forfærdet
gulvet åbne sig

de svævede ned
i et meget mindre rum -
de landede blødt!

han trykked' igen
og nu blev gulvet til loft
i STILLERUMMET!

midt på sengen stod
et lille lavt bord til drinks -
snart også to drinks!

de fik champagne -
en rigtig velkomsthilsen!
så var ALI klar

MASUKKA sad der
og ku' ingenting gøre
før alt var på plads

så skålede de
og hun tog sit instrument
klar til sang og spil!

"jeg har glædet mig
til at høre dig spille -
og synge dertil!"

"ja - tak skal du ha'!
og hvilken slags musik er
det, du bedst kan li'?"

spil du bare løs -
jeg lytter til det hele
med stor nydelse!"

så begyndte hun
at spille en klassisk sang -
hun kendte teksten!

den var så smuk og
teksten var vidunderlig!
han fik gåsehud!

MASUKKA så straks
hvor stærkt grebet ALI var -
hun smilede glad

fortsatte sådan
I endnu et par timer -
glemte tid og sted

stoppede med ét -
og takkede begejstret -

roste hende højt!

"nu skal vi spise!"
sa' ALI og klappede!
"spiller virk'lig flot!"

elevatoren
kørte sengen op på plads
og så gik de ud!

men idet han tog
i dørhåndtaget lød der
mange løbeskridt!

præcis som han sa'
stod hele personalet -
lytted' bag døren!

men nu stod de klar
til at ta' imod ordrer
fra den rare chef!

da de havde spist
visked' han til MASUKKA:
"spil li' lidt for dem!"

hun nikkede 'JA'
og ALI bad dem vente -
høre lidt musik!

nu spilled' MASUKKA
en smuk dansemelodi
og pluds'lig sker nog't!

alle tjenere
og piger begyndte dans
i hele stuen

og i samme stund
hun started' med at synge
tog han musikken

la' den på bordet -
sa: "bliv ved med at synge -
så danser vi to!"

den velkendte sang
fik alle tjenestefolk
til at synge med!

og hele slottet
med samt hvad der var i det
blev helt fortryllet!

mens de dansede
så de pluds'lig hinanden
helt anderledes

de var ikke mer'
en sanger og en sultan
men to mennesker

den følelse der
opstod stærkt imellem dem
kaldes KÆRLIGHED

månedsvis efter
gik de to rundt på slottet
hånd i hånd og lo!

var lykkelige!
til forår sku' de giftes -
SÅDAN ENDTE DET!

REKLAMEBABY

BITTEN går i by'n
i et dejligt solskinsvejr
med sin parasol

nynner af glæde
men pluds'lig vender vejret
og det øser ned!

heldigvis kan man
brug' parasollen i regn
som en paraply

nu kom der en mand -
en reklamemand, sa' han!
vil ta' et foto

"Hvad skal du med det?"
spurgte hun fotografen
"du ser yndig ud!

jeg tror du ville
være god til reklamer!
har du lyst til det?"

"hvad indebær det?"
"at du får et beløb, når
du har stå't model!

men først må vi se
om du egnet dig til det -
ta'r prøvefotos!"

"hvor foregår det?"
"er oppe i studiet
hvor jeg arbejder!

kom med i bilen -
vi kører med det samme!"
"ringer li' til MOR!"

"nej, hvorfor nu det?
det er bare helt kort tid -
du kan ringe bagefter!

så er der også
nog't at fortælle hende -
hvor heldig du er!"

så tog hun med ham
og de kom ganske rigtigt
til hans fotoatelier!

det så meget flot
og professionelt ud - så
hun var ganske tryg

"nu skal du høre!
har her en masse ordrer!
vi ta'r den første!

om BADEUDSTYR!
slår et baggrundsbillede
op på lærredet!

har sendt badetøj -
det er det du skal prøve -
reklamere for!

du får denne check -
er ikke småpenge vel?
hvad siger du så?"

"det lyder da godt
men hvor står jeg og skifter?"
"du står lige her!"

"nej - gør det ikke
sådan offentligt! jeg går!"
"er intet problem!

det gør du også
når du skifter på stranden -
sælger reklamen!

pengene får du
for et lille øjebliks
nøgenarbejde!"

"OK! jeg prøver!"
"godt! la' os komme i gang!"
BITTEN smed tøjet!

"ta' bikinien
og prøv den om den passer -
findes i større!"

var alt for lille -
han fandt nummeret større -
holdt den op foran!

"kom til" at røre
ved hendes bare bryster
og hun gav et hvin!

"lad nu bare vær'
med at te' dig umodent!
ikke første gang?"

"første gang at hvad?"
"du et sammen med en mand?"
ildrød i ho'det!

"ved hvad der et galt -
du bli'r genert alene -
så vent og se mig!"

så smed han tøjet -
"nu er vi begge nøgne -
så mer' naturligt!"

gav endnu et skrig
og sa' hun ikke ville -
tog fat i tøjet!

"næh - du kan tro nej!
bryder vores aftale!"
hun stortudede!"

han lagde armene
rundt om den bange pige -
knuede hende!

lige derefter
var han inde i hende -
og nu skreg hun vildt!

så fik BITTEN sit
tøj på i en vældig fart -
løb! sko i hånden!

kom ud på trappen
hvor der netop kom en mand -
så forundret ud!

videre nedad
og ud på gaden et sted
hvor hun fik sko på!

hun fik ingen check -
forhåb'ntlig heller ik' en
reklamebaby!

PARAPLYFOLKET

på en lille ø
i det opbruste hav bor
PARAPLYFOLKET

har en tradition
som kvinder overholder
bærer paraply

har den på ho'det
og kan se gennem huller
men ikke selv ses

hvorfor gør de det?
det må være besværligt!
mændenes ide!

de vil ikke ha'
man kan se deres kvinder -
det må de kun selv

men er de hjemme
gælder helt andre regler:
ingen paraply!

så kan han nyde
at se sin smukke kone
og de mange børn

men hvorfor er det
at andre ikke må se
hvo'n konen ser ud?

det er jo fordi
man let ku' risikere
andre fik lyster

en mand ku' også
finde på at bære en
for at se flot ud

den holdet han højt
hævet op over ho'det -
ser astadig ud!

det sjove et at
et helt andet folkefærd
gør lige sådan!

blot bru'r de ikke
at gemme deres ho'der
i paraplyer

i stedet binder
de tørklæder om håret
og nog'n om munden

her er det også
kun kvinderne der gør det -
aldrig mændene

er for at vise -
de - kun de alene - har
eneret til dem!

DANS MED CORONA

når HARRY kom hjem
fra sit tømrerarbejde
fik konen et knus

så satte hun på
en dejlig melodi som
de ku' danse til

og så tog de en
lang og romantisk svingom
en hel times tid

var ble't tradition
at de altid sku' danse
før de spiste nog't

og JETTES go'e mad
ku' altid glide ned når
de sad ved bordet

men i dag var hun
desværre blevet syg og
ku' ikke danse

blev helt bekymret -
hvad var der dog i vejen?
JETTE gik i seng

et par timer gik
så fik HARRY de samme
symptomer som hun

de lå begge der
og var vældig dårlige -

28

pluds'lig sa' HARRY:

måske er det vi
fejler - en gang CORONA!
så skal vi testes!

de klædte sig på
og tog sig meget sammen -
ned og få en test!

viste som ventet
at de begge to havde
det på samme tid

så ringede de
til deres fire børn for
at advare dem

"vi kommer på skift
og passer jer så længe
i ikke kan selv!"

"nej - for Guds skyld - nej!
skal ikke ha' jer smittet!"
"vi ta'r mundbind på!"

nå'de at komme
to gange hver især!
passede dem godt!

HARRY og JETTE
var nu ble't raske igen -
og han tog på job!

"så glad du er rask -
så vil jeg hele dagen
tænke på os to!"

og da han kom hjem
stod hun klar til at danse
EN DEJLIG LANG NAT!

EN FAR TIL HANNIBAL

ANNE er så trist
ved hun skal ha' en baby
om et halvt års tid

andre er glade
men ANNE har ingen mand
som far til barnet

hun kan jo let få
taget en test og bevise
hvem der er faren

men når han ikke
vil lege med og spille
sin faderrolle

så er det pluds'lig
ikke spor af sjovt at bli'
mor helt alene

han kommer en dag
på besøg for at se hvor
tyk hun et blevet

der er heldigvis
ikke så meget at se
konstaterer LARS

ANNE bli'r så glad
da hun ser Lars igen og
gi'r ham en krammer

"hold nu op med det!
vi et ikke kærester -
men holder af dig!"

"er du ikke spændt
på at se din søn eller
måske din datter?"

"jo - kommer og ser
hvo'n han eller hun ser ud -
blot nysgerrighed

føler ingenting
og vil ikke være far
overfor ungen!"

det halve år gik
og ANNA fødte en søn
der lignede LARS

"hvordan kan du se,
at han ligner mig, før du
har set et billed'?"

"så skynd dig hjem
og hent nogle foto fra
dengang du var spæd!"

trods alt syntes LARS
det ku' være sjovt at se
så han skyndte sig

nu viste det sig
at de fotos af ham så
helt ud som barnet

han blev næsten rørt
tænk at ha' lavet et barn -
tro kopi af ham

sa' farvel og gik -
hun savnede ham straks!
hvordan sku' det gå?

der gik en uge
hvor LARS slet ikke kom og
det var tem'lig hårdt!

stod der så på ny
var vældig overrasket -
der var sket en del

ANNA prøvede
at skjule hvor glad hun var
lod som ingenting

men den næste dag
var han der igen - spurgte
hvad han sku' hedde?

"jeg ved det ikke,
men hør jeg har en stribe
drengenavne her!"

hun læste dem op
og spurgte hvad han ku' li' -
han sa': HANNIBAL!

"det var sjovt" sa' hun
"da jeg hørte det, syn's jeg
også, det var bedst!"

"hvornår har du tænkt
du så ville døbe ham?
skynd dig - få det gjort!"

"hvorfor så hurtigt?"
"jo, for det er da vigtigt
hvad han skal kaldes!"

pluds'lig var han så
interesseret i navnet
og spurgte om dåb!

den næste morgen
gik hun ned - fik en dato -
skrev til vennerne

"allerede den
næste lørdag" sa' hun
til LARS da de sås

det gjor' de hver dag -
var vild med sin lille søn -
tog ham på armen

lod som ingenting
men næste lørdag fandt hun
så dåbskjolen frem

den var lækker ren
både vasket og strøget
ha'd været hendes

så bar hun sønnen
ned i kirken til dåben
fyldt med vennerne

naturligvis med
hendes egen familie
og til sidst kom LARS

da dåben var slut
bar han HANNIBAL ud og
kørte til ANNA

blev fejret så flot
af alle gæster med en
dåbsgave fra hver

og fra den dag af
hed skiltet på døren: LARS +
ANNA + HANNIBAL

TRÆER I HYPNOSE

der lå et stort hus
med en kæmpe dør, der
pluds'lig stod på klem

hvem bor i det hus
og hvem kommer ud om lidt?
og se træerne!

på begge sider
af den halvåbne dør står
to høje træer

ser levende ud -
måske de også er det!
har mund og øjne

måske står de vagt
ifald nogen forsøger
at smutte ind der

jeg må indrømme
jeg bli'r tem'lig nysgerrig
og kigger li' ind!

vader ind mellem
de aggressive træer -
som nedstirrer mig

de rør mig ikke
så jeg går videre ind
ad den åbne dør

står midt i en sal
med selvlysende vægge -
vibrerende gulv

døren åbner helt
og to store træer går
ind med faste skridt

betragter mig nu
med så hidsige miner
at jeg går lidt væk

de bøjer sig ned
over hovedet på mig
med åbne munde

alle munde har
skarpe spidse tænder som
de vil bide med

jeg har ikke lyst
til at flygte ud igen -
og vise min angst!

men det ene træ
bider nu i min krave -
det andet i mig

får revet mig løs
og taler strengt til begge
med hypnoseblik

det virker - sjovt nok!
de har sluppet deres tag -
jeg er der stadig!

jeg bli'r ved at se
ind i deres angste blik -
hypnose virker!

jeg taler til dem
med en dyb og langsom ryst -
nærmest ensformig!

si'r: "ud af døren
og ta' jeres rødder med!"
de gør, hvad jeg si'r

jeg har overtaget
og er ikke bange mer'!
går selv udenfor

når jeg fra nu af
går forbi, ser træerne
helt den anden vej

en måned efter
er lokalet sat til salg -
MEN INGEN LYST MER!

LEVENDE KYLLINGER I
ÆGGEBAKKEN

da EMMA kom ud
for at se nylagte æg
var der hul på ét

et lille hoved
tittede frem for at se
hvo'n verden så ud

hun tog de andre
og la 'dem i en kasse
beregnet til tolv

da hun senere
sku' se om de var ble't solgt
stak tolv ho'der ud

alle andre æg var solgt
men levende kyllinger
ville ingen ha'

"de er godt dumme -
de ku nemlig starte der's
egen hønsegård!"

nu kom en dame
der tænkte det samme og
tog hele bundtet

havde en høne
der lige var blevet mor!
den tog dem til sig

fra nu af gik hun
lange ture hver dag med
tyve kyllinger

men det så ræven
der kom og snuste til dem -
men den lod dem gå

åd nogle andre
men nænnede ikke at
ta' af optoget

men da EMMAS mand
så det, tog han sit gevær
og skød ræven ned

mod sædvane kom
alle tyve kyllinger og stod
med sorg ved dens lig

anede ikke
at den normalt havde ædt
HELE OPTOGET!"

VOKSEN OG RESPEKTERET

han er lang og tynd
og han hedder NICOLAJ -
er kun seksten år

går i 1. G
ser nu ikke ud som en
gymnasieelev

altid fuld af sjov -
skønt hjernen ikke fejler
det allermindste!

er et år yngre
end de andre i klassen -
derfor mer' barnlig

TRUNTE på sytten
er helt vild med NICOLAJ
når han gi'r den gas

er vist forelsket
og det mærker NICOLAJ!
har det li'sådan

det var til en fest
hvor de dansed' hele aft'nen
hun gav ham et kys

de andre forstod
ikke hvad hun så i ham -
de to var glade!

sommerferien
sku' brug's til at arbejde
og tjene penge

"hvad med at ta' til
Frankrig - plukke vin hos en
ægte vinbonde?"

spurgte NICOLAJ
"jo - det var en god idé!
ta'r toget derned!"

de undersøgte
hvormeget de sku' bruge -
havde lige nok!

bonden havde rum
hvor de ku' overnatte -
selv maden var med!

pakked' en rygsæk
hver med hvad de sku' bruge
og tog så af sted

det var en lang tur
men ku' sove i toget!
var der næste dag

de var ret mange
der sku' arbejde for JEAN
som vinbonden hed

de sku' tidligt op
og starte med at plukke
når lyset brød frem

så lige inden
fik de et trist traktement -
hver dag det samme

hvis nog'n kom for sent
fik de at vide at det
var ud næste gang

det blev en lang dag
og en kæmpe lang måned
inden de kom hjem

det var trods alt godt
at de havde hinanden
efter lukketid.

de fik udbetalt
en net lille sum penge!
fik nog't ud af det

så måtte de ta'
al bagage og rejse
til Danmark igen

var ikke meget
de så til Frankrig,
de ha'd set frem til

men der var sket nog't
med dem - de var blevet et
helt fasttømret par.

ha'd tilbragt tiden
som slaver under pisken -
var ændret totalt

pisk er ikke godt
men i den situation
lærte de noget

de kom vrede hjem -
fra nu af læste lektier -
altid forberedt

de to holdt sammen
NICOLAJ var blevet voksen
OG RESPEKTERET!

RESERVEMOR

MAJKEN ku' mærke
nog't der sad og hoppede
på hendes skulder

hun så hurtigt ned
og fik nu øje på en
lille sjov pige

hun dansede rundt
og var i vældigt humør -
men hvem var hun så?

MAJKEN smilede
og spurgte nu, hvad hun hed -
"mig - jeg hedder MAJ!"

"hvor er det mærk'ligt
jeg hedder nemlig MAJKEN -
er det ikke sjovt?"

"det ved jeg ikke!
men der er sjovt at danse
her ovenpå dig!"

"hvor kommer du fra?
har jo aldrig set dig før -
men er velkommen!

MOR har "plantet" mig -
hun sa', jeg ikke ku' finde
ud af at vokse

så var det bedre
at installere mig hos
en reservemor"

"så har I valgt mig -
men kunne godt ha' spurgt mig!
jeg har jo et job!

hvor gammel er du?"
"jeg er lige fyldt seksten -
vokser ikke mer!"

"Hvad regner i med
at jeg kan hjælpe dig med?
fortæl mig hvad du tror!"

"MOR har givet op.
hun kan ikke udholde
at ha' mig mere!

hun står på gaden
og venter på at se om
du ta'r dig af mig!

hvis du ikke vil
finder hun en anden - men
jeg vil bo hos dig

"hvad mener du, MAJ!
vil du helst være hos mig -
for så må du godt!"

MAJKEN og MAJ gav
hinanden et stort knus!
så var det afgjort!

hun tog opgaven
temmelig seriøst og
holdt meget af MAJ!

men pluds'lig hørte
lægen om en ny pille
hvor man ku' vokse

sku' ta's ti hver dag
men er man lille som MAJ
ta'r man hundrede

fik masser af mad
og hun blev vejet daglig -
så skete der nog't!

voksede virk'lig
og i løbet af et år
var hun vokset stor

besøgte en dag
sin mor, som intet vidste -
fik nærmest et chok

"så kom hjem igen!"
"du kan tro nej, kære MOR!
bor nu hos MAJKEN

det er jo hende
der har hjulpet mig til at
få normal højde!

men i morgen bli'r
jeg jo sytten år, så er
DU INVITERET!"

BARE EN HEKS

GROSCA er en heks
går nøgen rundt i skoven
ligeglad med folk

går foroverbøjet
har en mærkelig holdning
hvo'n er den kommet?

har sandsynligvis
slæbt rundt på tunge sager -
har jo ingen bil

hvorfor ta'r hekse
aldrig noget kørekort?
hvem sku' gi' dem det?

er bestemt ingen
der vil undervise en
splitternøgen heks!

se hendes ansigt!
det ser hekseagtigt ud -
ikke populær!

bor i en hule
hun har bygget af grene
med en brændeovn

en dag kom to børn -
det var PETER OG TINE
så pluds'lig hulen

GROSCA var ude
så hytten var tom lige nu -
de kravlede ind

der stod der en seng
nog't tøj hang på knager og
ellers tem'lig tomt

"hvem tror du bor her?"
spurgte PETER sin søster -
"en mærk'lig person!"

"hvorfor syn's du det?"
"der er ikke spor hyg'ligt
vil nødigt bo der!"

pluds'lig hørte de
nog'n der kom kravlende ind -
så uhyg'ligt ud!

"HOV! hvem er I to?
hvad laver I herinde?
og hvad hedder I?"

"jeg hedder PETER
og TINE er min søster!
kiggede bare!"

"det er skam forbudt
at gå ind hos fremmede -
ved I ikke det?"

"vi tro'de ikke
at der bo'de nogen her -
men vi si'r undskyld!"

"så alt i orden -
jeg hedder GROSCA og jeg
er bare en heks!"

"vi har aldrig mødt
en heks nogensinde før!
hvad laver du her!"

"går rundt og fanger
små dyr, jeg kan stege og
spise til middag!"

"men spiser du børn
for det si'r MOR at I gør?
smutter hel're nu!"

"årh - hold da li' op!
hvad kender din MOR til os
og til vores liv?

men nu regner det
så I må hel're bli' her!
jeg gør ingenting"

hun gav dem nog't brød
som hun ha'd bagt i ovnen
og det smagte godt

med syltetøj på
af bær fra skoven.
blev vældig glade

nu tog regnen til
"I kan sove her i nat"
"nej - det går ikke!

så bli'r FAR og MOR
bare frygtelig bange!
vi vil hel're hjem!"

"ja, det må I så -
men lad vær' at fortælle
dem noget om mig!"

"det skal vi ikke -
men hvorfor vil du ikke
ha' at vi gør det?"

"de tror det værste
og så må I ikke mer'
besøge mig her!"

"det vil vi gerne
det har været så hyg'ligt -
kommer snart igen!"

der var lang vej hjem
men de sa' de had' været
hos en veninde

"da I ikke kom,
det regnede og var mørkt,
blev vi nervøse!"

"men hvorfor dog det?
går jo aldrig så langt væk
så hvad ku' der ske!"

"vi har lige hørt
der bor en heks i skoven
og hun spiser børn!"

"er ikke rigtigt
tor vi har netop vær't der
men sku' holde mund"

"ja - der kan I se!
de børn der er forsvundet
har været der først!

fortæl hvor hun bor
så sender vi politi
til hendes hule!"

og den næste dag
ku' man se i avisen:
"HEKS TA'ET MED DØDT BARN!"

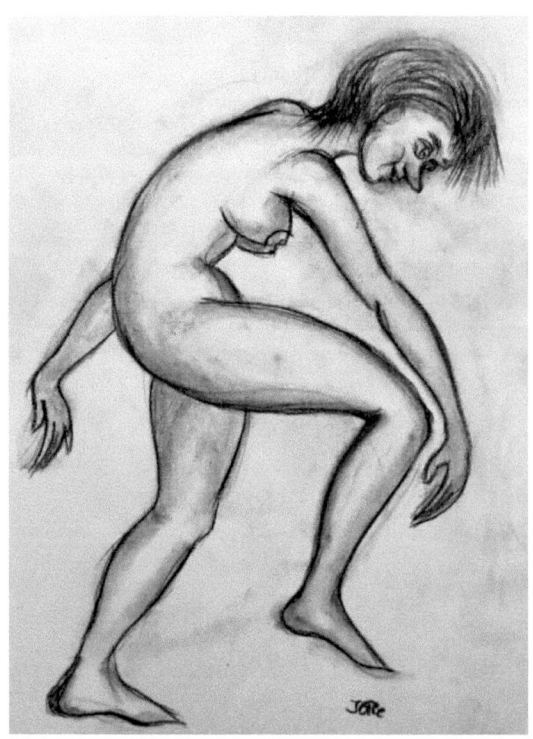

ET LIG I SENGEN

jeg sad i stuen
i min egen hyggekrog
da jeg hørte nog't

der stod en person
der udenfor vinduet -
vinkede til mig

jeg rejste mig op
og nærmede mig døren -
vil se hvem det er

men det øjeblik
hvor døren var smækket op
var personen væk

jeg gik tilbage
og satte mig i min stol
hun var der igen

men hvad ville hun?
hvorfor løb hun når jeg kom?
søgte vel kontakt!

gik ud i køk'net
og ud af køkkendøren
udenom huset

jeg sneg mig derhen
greb fat i hendes ærme
og sa': "hej med dig!"

gav et kæmpeskrig
men jeg holdt fast i hende
tro'de jeg bare!

med en lynhurtigt
bevægelse slap hun fri
af begge ærmer

og der stod jeg så
med en frakke i hånden -
personen løb bort

"hov! kom tilbage
og la' os snakke sammen -
hvad ville du her?"

hun stod lige der
hvor skoven begyndte og
marken holdt op

hun så ud som om
hun gerne ville komme
herhen allig'vel

så skynd dig at kom'
og sig hvad du vil sige" -
nu vendte hun om!

for første gang stod
vi ansigt til ansigt i
skæret fra stuen

"kom nu med mig ind
og fortæl om dit problem!
skal jeg hjælpe dig?"

hun nikkede tavst
og jeg gav hende frakken!
så gik hun med mig!

"sig hvad der er sket
og hvorfor du er bange!"
nu brast hun i gråd

"der ligger et lig
under dynen i min seng -
kender ham ikke

ved heller ikke
hvem der har myrdet ham og
hvorfor det er sket!"

"du ved faktisk slet
ikke noget som helst om
mordets detaljer!"

"nej - det er det jeg
prøver at forklare dig!
jeg er så bange!"

tog telefonen
og slog straks på tråden hen
til politiet

politiet kom
de fulgte med konen hen
til hendes hytte

jeg gik også med
og så manden ligge der!
"det et jo din mand!"

"kender I da ham?
han har længe været så
grov over for mig!"

"på hvilken måde -
fortæl os lidt mer' om det -
slog du ham ihjel?"

"ikke med vilje!
men han slog mig om kuld med
en kniv i hånden

fik presset kniven
så den vendte ind mod ham —
stak den op i ham!

jeg gjor' det kun for
at redde mig selv - ellers
var det blevet mig!"

jeg spurgte hende
hvorfor hun ikke sa' det
lige da hun kom

men hun var så angst
man sku' tro det var hende!
hvad tænkte jeg mon?

politiet tog
en del forskellige tests -
viste hun ha'd ret!

liget blev fjernet
og konen hulkede højt -
men kom aldrig mer'

når jeg ser for mig
hendes ansigt i ruden
tænkte jeg mest på

at hun ikke så
særlig hyggelig ud - hun
lignede en heks!

måske dræbt ham bevidst -
adgang forbudt for hekse
og for mordere!

SAGEN OM IGEN

første juledag
tog JESPER maleriet
fra deres datter

det var mægtig flot
var dygtig til at male -
det sku' hænges op!

var netop en plads
højt oppe over en stol -
måtte ta' stigen

hendes MOR var væk
besøgte en veninde
til julefrokost

en pigefrokost
med pakkeleg og gaver
med hvidvin og gløgg

det sku' hurtigt op
og overraske hende
når hun kom igen

den store stige
blev slæbt frem og stillet op -
så kravled' han op

hans balance var
faktisk temmelig dårlig -
han gled på toppen!

idet han faldt ned
greb han i lysekronen
som ik' var færdig

har kun hængt den op -
så sku' sønnen montere
seks pærer og strøm

han har haft så travlt -
kommer i juleferien
og får det ordnet

nu hænger JESPER
højt oppe under loftet -
tør ikke springe!

har nemlig brækket
sit ben for noget siden!
det kan ske igen!

men hvornår kommer
hans kone, LAILA, måske?
det kan blive sent!

er heldigvis stærk
og hænger nu i én arm -
mobil i lommen

får den pillet op
og ringer til veninden -
men må skifte hånd!

i det øjeblik
falder den ud af hånden -
hører den ringe

han hører LAILA
råber nede fra gulvet:
"er det dig! JESPER?"

"ja - kommer du hjem?"
"mener du NU - for det gør
jeg da slet ikke!""

"jo - ville sætte
billedet op - men så gik
det galt på stigen!"

"hvorfor taler du
så langt fra telefonen?
kom tættere på!

kan næsten ikke
høre hvad du prøver at
fortælle mig om!"

nu råber han højt:
"jeg har tabt den på gulvet!"
"men så saml den op!

er midt i et spil -
de andre be'r mig komme!
nu lægger jeg på!"

forbindelsen slut
og så hænger han der til
hun kommer hjem!

han får tårer i
øjnene - ondt af sig selv
og vred på LAILA!

kan ikke mere
mærker hænderne glide -
falder med et brag!

gjor' helvedes ondt!
det samme sted er brækket -
HOV! LAILA står der!

"hvad sker der min skat?"
spør' LAILA vildt bekymret!
"jeg er faldet ned!"

"hvorfor sa' du det
ikke i telefonen?
ku' intet høre!""

"nej - det tror pokker!
jeg hang jo i loftet og
den lå på gulvet!"

"det sa' de andre -
syn's jeg skulle gå og se
situationen!"

ambulancen kom -
tog ham på sygehuset!
SAGEN OM IGEN!

EN HELDIG KAT

MIRIAMS kat får
killing på killing igen
efter sidste gang

den har aldrig tid
til at holde en pause
når den li' har født

den hedder SMILA
og er den kønneste kat
i hele egnen

hankattene er
ved at komme op at slås
om det smukke dyr

men hun vælger selv -
får så kære killinger -
MIRIAMS problem!

nu kom der igen
fire yndige små og
SMILA var så stolt

"lad mig få lov at
beholde dem denne gang!
det er mine børn!

tænk engang hvis nog'n
kom og tog dine unger?
så blev du vel vred?

men faktisk har jeg
slet ikke set nogen børn!
kan ikke li' børn?"

men MIRIAM gav
ikke noget svar - forstod
ikke kattesprog

SMILA havde ret
hun ville ikke ha' børn
eller killinger

nu syn's MIRIAMS
gode veninde, at det
kunne være nok

i stedet for at
få dem aflivet hver gang
sku' hun gi' dem væk

men det krævede
at hun passede dem selv
i et stykke tid

det gjorde hun så
men var ikke rigtig vant
til at passe dem

SMILA var lyk'lig
ku' nu selv gi' dem mælken
og sove sammen

en dag var det slut
de var sat i avisen
man ku' se dem der!

men til allersidst
var der kun én tilbage
den blev stor og tyk

ingen købte den
for det var en helt lille

unge, folk bad om

den må aflives
sa' hun nu til veninden
SMILA fik et chok

veninden blev vred
"det må du ikke gøre
når den er ble't stor!

du hænger på den
når du ikke fik den solgt
så nu har du to!"

"var jo ikke det
der var meningen med det!
men faktisk ret sød!"

det var en hankat
så den sku' kastreres for
at blive hos dem

hun kaldte den: SNUS
og voksede sig enorm!
gu've' hvem var far?

imidlertid blev
SNUS MIRIAMS favorit
sov i fodgærdet

SMILA var nu den
gladeste kat - og SNUS den
ALLERHELDIGSTE!

DEMOKRATI I SUPPEDASEN

lister os af sted
på tå, når vi skal ud at
jobbe - det gør vi!

vi sniger os i
hælene på bundtet af
andre ministre!

for selv om vi er
så forskellige, må vi
forstå hinanden

ka' tit være svært
for en socialdemokrat
og en venstremand

selv om de prøver
at se forskelligheder -
tilmed ligheder

svært at nå sammen
og pleje enigheden
som oftest er væk

så lister vi os
hjem på tå og føler at
dagen gik tomgang

men hvordan skal et
FOLKETING fungere uden
dyb argumentation?

skal det nedlægges
og indføre DIKTATUR?
er det det vi vil?

men DEMOKRATI
ku' vi ellers alle bli'
helt enige om

prøv at spørg i dag
om Enhedslistens mening
og Ny Borgelig's

de står med benet
i hver sin grøft og mødes
helt sikkert aldrig

et demokratisk
FOLKETING kører agurk
i suppedasen

hver især af os
gi'r os ikke en tomme
det lever i os

så heldigvis er
der nog't der hedder STEMME!
SE - FLERTALLET VANDT!

STÆVNEMØDE PÅ MARS

TANJA læser på
Washington universitet
om ASTRONOMI

hvordan tjener man
til selve livets ophold
når man er dansker

men TANJA havde
en utrolig smuk figur,
så måske model!

hun klædte sig smart -
gik på AKADEMIET
og spurgte dem der

"ku' altid bruge
en rigtig dygtig model -
prøv her i morgen!"

hun fik en tid, hvor
hun ikke selv had' timer
fungerede fint

men ASTRONOMI
var hendes interesse -
drømte om rummet

tænk at ku' komme
ud med et kæmpe rumskib - svæve
uden tyngdekraft

og hvis man en dag
fandt en lettere måde
man ku' nå op til

andre planeter
i andre solsystemer
var det studi't værd

der gik et par år
så skulle NASA bruge
et par unge folk

hun meldte sig fluks
og kom straks på en prøve
hun bestod med glans

var fabelagtigt
at svæve under loftet
og stå på ho'det

hun og en anden
der hed Jack fra studiet
samt kendte andre

professionelle
astronomer sku' lære
dem op, hvo'n man gjor'd

TANJA fik næsten
hjertebanken af spænding
og så gik det løs

det viste sig snart
hun var god til det hele -
og sov i kapslen

en lang prøvetid
og retur til studiet -
frem og tilbage

næste tur til MARS
blev hun også taget med -

tog en evighed!

også JACK var med
og de kørte i en vogn
med iltmaske på

de dannede par
og man festede for dem -
nyforlovede!

de kom hjem igen -
blev gift men helst ingen børn!
sku' rejse for tit

en mindre gruppe
udtages til at forske
i solsystemer

hvem kunne finde
en smutvej til en anden
helt ukendt planet?

der gik mange år
før de to var på sporet -
fandt det dog ikke

hvad senere sker
får vi aldrig at vide
i vor levetid!

HELT ALENE I DEN STORE SKOV

ude i skoven
går en ulyk'lig pige!
hun hedder GITTA!

den lille GITTA,
på bare syv år, græder
og er faret vild!

ser for første gang
hvordan træerne ser ud
i virk'ligheden!

har onde øjne
og stirrer på hende med
et stort åbent gab

spiser de hende
eller bider de bare?
begge dele slemt!

GITTA ved ikke
hvilken vej hun helst skal gå
for at finde ud

hun var på besøg
hos sin gamle OLDEMOR -
sku' hentes af FAR!

men FAR kom ikke -
og til sidst ringede han -
bilen var stjålet!

"bliv du bare der
så kommer jeg i morgen
i en lånebil!"

"men OLDEMOR - jeg
skal i skole i morgen -
jeg går bare selv!"

"jamen lille skat -
du kan da ikke gå hjem
så'n helt alene!"

"ork jo OLDEMOR!
kender jo hele vejen -
bare ligeud!"

så enkelt viste
det sig jo ikke at bli' -
opdagede hun!

GITTA tog tøj på
og kyssede OLDEMOR
farvel på kinden!

men alt var så mørkt -
så træer i silhuet!
aldrig set så'n før

blev utrolig angst!
SKOVEN så hende græde
og frydede sig

hvor var de ækle -
hun begyndte at løbe -
vendte sig ikke

nu lød en stemme!
var det et træ der talte?
"hvad laver du her?

kun os, der bor her -
du har intet at gøre
her i vores SKOV!"

"jeg er faret vild
og kan ikke finde vej
hjem til MOR og FAR!

kan I hjælpe mig
med at komme ud herfra ? -
vil I ikke godt?"

"aldrig i livet! -
du kommer og forstyrrer
os i arbejdet!

vi bider dig nu
med vores skarpe tænder
hele vejen ud!"

og alle træer
råbte i kor og de gav
førertræet ret!

nu var der kun ét
man ku' gør' for at slippe -
aldrig stå stille!

kunne jo ikke
så'n løbe efter hende
på grund af rødder!

så hun spurtede
forbi de ondskabsfulde væsner!
pluds'lig så hun LYS!

hvor kom LYSET fra?
måske enden af skoven!
hun går mod LYS!

nu var det så lyst
at hun ku' se vejen hjem
og var der om lidt!

et kvarter efter
sa' hun HEJ til MOR og FAR!
var nær besvimet!

"men dog, lille skat!
hvor har vi været bange!
OLDEMOR sa' det!"

"sa' hvad? spør' GITTA"
"at du selv var gået hjem!
gør det ikke mer'!"

det lovede hun -
men fortalte aldrig nog'n
hvad SKOVEN bedrev!

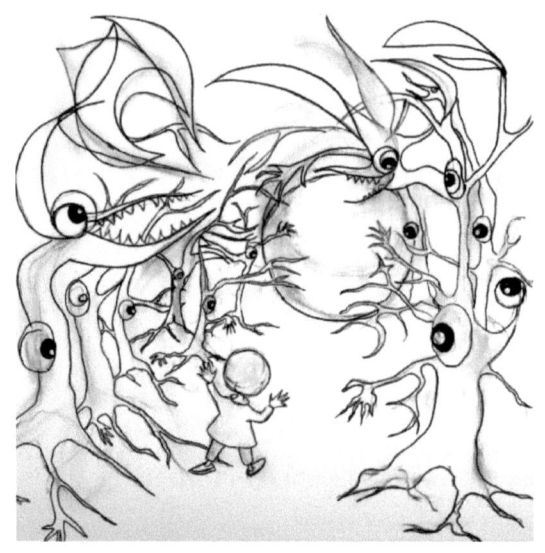

DOGGY OG DULLER

to glade hunde -
tidligt oppe og ud i
haven og hoppe

de hedder DOGGY
og hendes unge hedder
DULLER - altid glad!

"nu skal vi danse!"
"hva' for en dans, syn's du MOR?"
"DOGGY DANCE! DULLER!"

da deres men'sker
kigger ud af vinduet
smiler de stolte!

"de to er altid
så tidligt oppe - og ud
i haven straks!

men vi to kan godt
tage en ekstra times lur!"
så sov de igen!

men køkkendøren
som hundene kom ud fra -
var ikke låst af!

naturligvis låst om natten -
men nu sku' de ind om lidt -
så de lod den stå.

to tyve så straks
at der ingen hunde var
inde i huset

og at de men'sker
som bo'de der sov - hørte
sikkert ingenting!

så de sneg sig ind
på strømpesokker med sæk
over skuldrene

fik hurtigt fat på
alt det fine sølvtøj og
antikviteter

da begge sække
var fyldt helt op til randen
gik de ud igen!

skoene, som de havde
stillet udenfor døren, var væk!
"hvem har taget dem?"

DOGGY og DULLER
naturligvis - løb rundt og
legede med dem!

da tyvene kom
ud fra huset alene
var det noget galt!

begyndte at gø
så højt at de vækkede
deres familie

da de denne gang
så ud af deres vindue
så de hvad det var

ikke DOGGY DANCE
men to hunde der bed i
to tyves trøjer!

de ringede straks
til politiet og bad
om assistance

to tyve blev nu
arresteret og ført bort
og ind bag tremmer!

men de to hunde
fik masser ros og kødben
blev dagens helte!

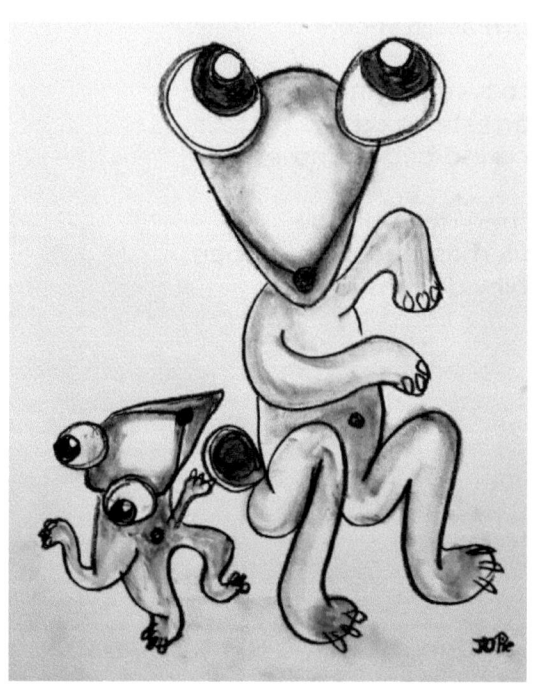

EN UHELDIG BESLUTNING

"jeg hedder LINE
og er lige stillet her!
dumt sted at sidde!

MOR er i BRUGSEN -
hun ku' bar' ha' tag't mig med -
det gad hun ikke

jeg kommer li' straks!
sa' hun for længe siden!
mon hun ka' klokken?

hun har nemlig sagt
at den er svær at lære
for så'n en som mig

det er nok fordi
hun aldrig selv fik lært den -
men lang tid er gå't

behøver ikke
ku' klokken for at vide
hvad en lang tid er!

ku' jeg komme op
løb jeg straks ind i BRUGSEN
og fandt hende der!

skal helst købe det
som jeg kan li' at spise!
det ved hun ikke!

hun køber altid
nog't jeg ikke kan udstå -
si'r det er så sundt!

uden at vide
hvad klokken er - har hun vær't
væk mindst en time!

HEJ! du der dame!
MOR gik ind i BRUGSEN og
aldrig ud igen!"

"hvad er det du si'r?
er din mor blevet borte?
skal jeg finde MOR?"

"ja tak - for jeg tror
hun har glemt at jeg sidder
og venter lang tid!

jeg et bange for
det er sket hende nog't - og
jeg skal på wc!"

"jeg skal nok gå ind
og finde hende for dig!
hvordan ser hun ud?"

"hun er pænere
end dig - men har en ret grim
grønstribet frakke!

håret er som dit -
men mere lyst 'affarvet'
kalder hun det selv!"

"jeg tror det er nok!
hvis hun er derinde kan
jeg finde hende!

farvel så længe!
så kommer vi ud ret snart!
vi ses lige straks!"

tænkte på, må hel're
tisse i bukserne! så
bli'r hun rigtig flov!

så - nu er det gjort!
jeg ku' sagtens ha' holdt mig -
men så forstår hun -

altså - jeg mener
man skal ikke la' sit barn
vente så længe!

GUD! nu kommer hun
med den rare dame som
sku' finde hende!

"jamen lille skat!
hvad er der dog sket med dig?
kom så op til MOR!"

"nej - det går ikke -
jeg ku' ikke holde mig!"
jeg græd lige lidt!

"stakkels lille skat!
har ellers li' aftalt med
den rare dame

at jeg gi'r en tur
i konditoriet med
kager, is og saft!"

"det gør ikke nog't!
går ikke, når hun er våd!
SES EN ANDEN DAG

SPLITTER-NØGEN

"min kære herre!
er De ikke klar over
at DET er forbudt?"

"undskyld - hvad er det
du prøver at fortælle?
er lutter øre!"

"jeg prøver at si'
at det er strengt forbudt at
sidde nøgen her!"

"er det på gaden
du mener? og hvorfor så det?
det er jo så varmt!"

"ja vist er det varmt
men tænk hvis vi alle gik
splitter-nøgne rundt!"

"la' nu bare vær'!
det ville du jo også
hvis du altså tur'!"

"ikke et spørgsmål
om at turde eller ej -
men hvad loven si'r!

hvis ikke De straks
ta'r Deres tøj på igen
vil jeg melde Dem!"

"ja, men det bli'r svært
for tøjet ligger hjemme!
gik bare en tur!"

"nu er det ikke
mig der er politiet -
jeg er ligeglad!"

"OK! det er godt -
jeg syn's du skal skynde dig
at skride din vej!"

"det er det jeg gør -
samt ringer politiet
på vejen herfra!"

"så får de sikkert
et billigt grin - og du får
bestemt en bøde!"

"hør her, lille mand
med mindreværdskomplekser -
uudholdelig!

derfor går jeg hjem -
hyg dig med politiet!
det bli'r uden mig!"

RULLENDE ØJNE

utrolig mange
rullende øjne ser os
hvor vi går og står

ikke muligt mer
at skjule sig for mængden -
og PRESSEN er klar

optræder hurtigt
og får ofte slået op
fejl forsidestof

bli'r læst af alle
de forargede øjne -
ryster på ho'det

så opklares det -
MORDEREN var en anden -
hvis navn slås op!

men den første mand -
fejlagtigt nævnt som MORDER
bli'r ikke så'n glemt!

øjnene ruller
en ekstra gang når de ser
den stakkels fyr

han vil evigt stå
som dybt kriminel hos de
rullende øjne

selv om avisen
retter den forkerte tekst -
huskes den første!

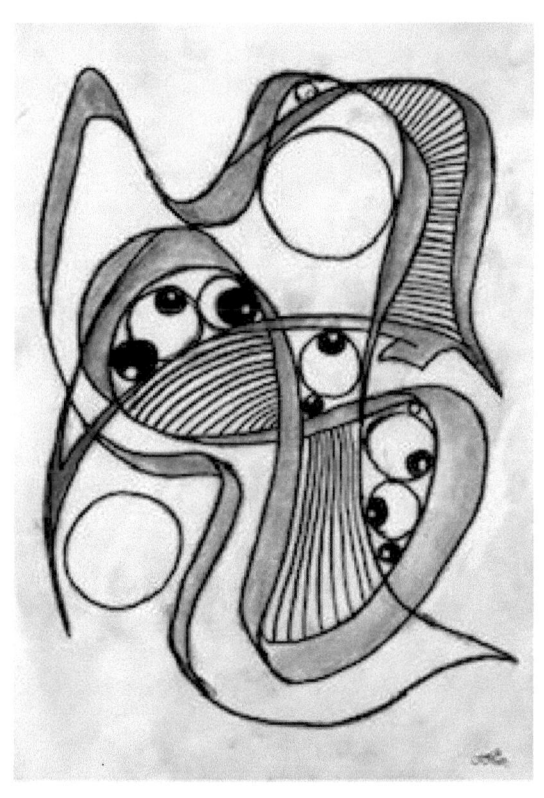

Jopie Leopoldsdotter von Horn

Forfatter

Billedkunstner

Teatermenneske

Udgivet:

Årshjulet 2021

Død 2022

Ære være hendes minde